APERÇU COMPLET

DES ÉVÉNEMENS

DE LYON,

PENDANT

LES SIX FATALES JOURNÉES

DES 9, 10, 11, 12, 13 ET 14 AVRIL,

RENDUS JOUR PAR JOUR.

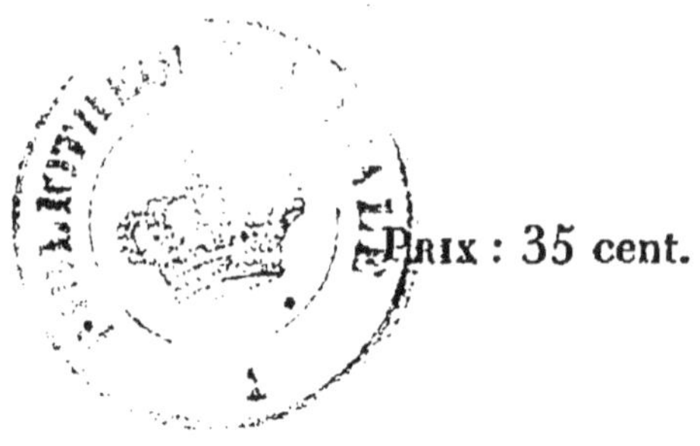

Prix : 35 cent.

PARIS,

Jules Berrier, Éditeur, quai aux Fleurs, n. 3.

GARNIER, LIBRAIRE, PALAIS-ROYAL,
vis à vis la cour des Fontaines ;

ET CHEZ LES LIBRAIRES.

1834.

JULES BERRIER, IMPRIMEUR.

Imprimerie de Sétier, rue de Grenelle, 29.

RÉCITS

DES

JOURNAUX DE LYON.

Les événemens de Lyon, pendant les six fatales journées, laisseront une trace trop profonde dans l'histoire de notre temps pour que nous ne nous croyions pas obligés d'en présenter un aperçu complet. On s'occupera long-temps encore de ces désastres, et le public, pour se former une idée juste de leur cause et de leur étendue, doit désirer avoir sous les yeux toutes les pièces du procès. C'est pourquoi nous ajoutons aux révélations de nos correspondances particulières déjà publiées, et à l'exposé que nous avons emprunté au *Précurseur*.

PREMIÈRE JOURNÉE.

9 AVRIL.

« Dès le matin la population était sur pied et répandue sur les quais et sur les places publiques. Sur toutes les figures on lisait ce mélange de curiosité, d'anxiété et d'effroi que cause l'approche d'un événement de ce genre lorsqu'il est annoncé et prévu d'avance. Les troupes de la garnison, le sac au dos, avec des provisions de guerre et de bouche, se rendent aux différens postes qui leur ont été assignés d'avance. Sur la place de Bellecour stationnent plusieurs régimens d'infanterie massés vers le milieu de l'enceinte, du côté de la promenade des Tilleuls. Ils sont flanqués par de nombreux détachemens de dragons et par deux batteries d'artillerie légère. Les principales têtes de pont sont occupées par des piquets d'infanterie et de cavalerie, et quelques-unes défendues par des bouches à feu. L'Hôtel-de-Ville est gardé par une force imposante renfermée dans la cour intérieure. Des précautions militaires particulières ont été prises aux abords du Palais-de-Justice. Plusieurs compagnies ont été introduites dans la cathédrale, dont les portes sont fermées; d'autres sont postées dans l'intérieur même du Palais-de-Justice. L'accès de la salle d'audience n'a été laissé ouvert qu'au nombre d'assistans rigoureusement nécessaire pour remplir son enceinte.

» Au milieu de ces préliminaires menaçans, la justice suivait son cours. Le réquisitoire de M. le procureur du roi était terminé, et il avait conclu contre les Mutuellistes à l'application des articles 415 et 416 du Code pénal. L'avocat des prévenus avait pris la parole. Une première détonnation, suivie bientôt d'une décharge de mousqueterie, se fait entendre au-dehors; le défenseur déclare que le bruit qui vient de frapper son oreille l'empêche de continuer sa plaidoierie. L'audience est levée au milieu d'un affreux tumulte.

» Voici ce qui s'est passé au-dehors : la populace répandue autour de la place Saint-Jean avait commencé à élever des barricades à l'entrée des rues adjacentes. La troupe a fait feu : la foule se disperse et fuit dans toutes les directions divergentes. Des bandes d'hommes et d'enfans déguenillés, armés de fusils, de sabres, de pistolets, parcourent les rues en criant : *Aux armes.*

MIDI.

» L'insurrection se propage avec une effrayante rapidité. On arrête les voitures, on dételle les chevaux, on improvise des barricades. Les magasins se ferment et les habitans paisibles se hâtent de se renfermer dans leurs domiciles. — Un premier engagement vient d'avoir lieu aux environs de l'Hôtel-de-Ville. Quelques compagnies ont été envoyées pour détruire une barricade qui a été élevée au débouché de la place des Carmes et de la place de la Boucherie. Le détachement a fait feu sur les insurgés. Il revient en triomphe en ramenant les débris de la barricade détruite.

» Le combat s'est engagé presque en même temps à la place de la Préfecture. Là, les insurgés se sont retranchés au moyen des matériaux employés à la construction du théâtre provisoire. Ils sont attaqués dans cette position par la troupe de ligne qui débouche de la rue de la Préfecture. Après quelques décharges d'artilleries, la position est enlevée à la baïonnette. Les soldats s'établissent sur cette place ainsi que dans l'allée de l'Argue, où l'on a tiré plusieurs coups de canon chargés à mitraille.

» Les engagemens partiels se renouvellent dans ces rues étroites et tortueuses qui avoisinent la place des Terreaux. Dans la rue Saint-Côme, les soldats du génie ont attaché le pétard à la porte d'une maison d'où l'on faisait pleuvoir sur la troupe une grêle de balles, de tuiles et de pavés. L'explosion a enfoncé la porte, détruit ou endommagé les devantures de tous les magasins environnans, et brisé presque toutes les vîtres du quartier.

»Cependant des proclamations républicaines étaient lues et répandues dans les quartiers, théâtre de l'insurrection. Nous n'avons pu nous en procurer aucun exemplaire; mais elles contenaient en substance que Louis-Phlippe, ayant été infidèle à ses sermens, il était déchu de la couronne. Lucien Bonaparte était proclamé premier consul, et le général Bachelu commandant en chef de la force armée du département.

·» La tête du pont du Concert (sur le Rhône) est vivement attaquée. Les soldats, retranchés dans les pavillons de ce pont, du côté de la ville et répandues en tirailleurs le long du quai de Bon Rencontre, font feu dans les rues aboutissantes. Sur la rive opposée sont placées des pièces de canon qui lancent des boulets sur les maisons d'où l'on a tiré, et balaient les rues en face.

» Le feu paraît se ralentir. Il est deux heures. Tout paraît terminé, à en juger par les apparences. On dit que du côté de la Croix-Rousse, il y a eu un engagement très vif. Les communications n'étant point encore parfaitement rétablies avec ce quartier, nous ne pouvons avoir de détails à ce sujet.

» Les espérances qu'on avait conçues du rétablissement de la tranquillité ne se sont point réalisées. A deux heures et demie le feu s'engage de nouveau sur tous les points avec plus de vivacité que jamais. La fusillade la plus vive est du côté de l'Hôpital et de la place des Cordeliers. Les insurgés paraissent avoir établi leur quartier-général dans cette dernière localité, si tortueuses, étroites et habitées par une population presque entièrement ouvrière. Ils se sont emparés de l'église Saint-Bonaventure, d'où ils ne cessent de sonner le tocsin.

Vers quatre heures on voit, du centre de la ville, près de l'Hôpital, une colonne d'épaisse fumée s'élever. Mille conjectures sinistres sont formées à ce sujet. Un vent très vif et très sec souffle du nord; tout fait craindre un embrâsement général. Le feu a été mis à une maison occupée par les insurgés, par un pétard qu'on avait attaché à la porte d'allée pour la faire sauter : la maison tout entière a brûlé, ainsi que celle qui se trouvait en face; toutes les vîtres de la rue, sur une longueur de plus de soixante toises, ont été brisées. Les pompes sont accourues et ont fini, vers le soir, par se rendre maîtresses de l'incendie.

Du côté de Saint-Jean, les révoltés, repoussés dans leur première tentative, se sont retirés vers le quartier Saint-Georges et vers celui de Saint-Paul; toutes les rues y sont barricadées et dépavées et les réverbères brisés.

Des tirailleurs de la ligne, portés sur les tours les plus
élevées de la cathédrale, font feu par des meurtrières sur
les toits et les balaient constamment.

L'affaire s'est également engagée à la Croix-Rousse,
autour de la caserne crénelée des Bernardines. Les insurgés se sont présentés en force pour l'enlever et ont
été écrasés par le feu de l'artillerie et de la mousqueterie.
Après avoir repoussé cette attaque, la troupe est sortie
de la caserne avec les canons, et bat ainsi la Grande-Côte
et les rues de la Croix-Rousse.

Les pièces placées sur la terrasse de la caserne des
Chartreux ont aussi joué sur le quartier Saint-Paul, qui
avait fait des démonstrations hostiles; quelques pans de
murailles ont été abattus.

DEUXIÈME JOURNÉE.

10 AVRIL.

Dès le matin, la fusillade recommença simultanément
sur tous les points, et bientôt le canon vint y mêler ses
explosions formidables. La veille au soir, des tirailleurs
ennemis, il faut bien leur donner ce nom, s'étaient glis-
sés jusque sur les toits des maisons qui entourent l'Hôtel-de-Ville et avaient dirigé leur feu sur l'intérieur même
de cet édifice et sur ses abords. Une des premières opé-
rations de la journée a été d'occuper le beffroi et les pavillons de l'Hôtel-de-ville et du palais Saint-Pierre. De
là, on domine toutes les maisons environnantes et l'on
découvre la plus grande partie de la ville.

L'insurrection qui, pendant toute la journée d'hier
avait paru se concentrer dans le quartier des Cordeliers,
dans celui de Saint-Georges et la commune de la Croix-
Rousse, a pris pendant la nuit une nouvelle extension.
Saint-Just et la Guillotière, le quartier du Jardin des
Plantes, celui de la Grande-Côte, de la rue de la Vieille-
Monnaie, sont en révolte et élèvent des barricades. La

caserne du Bon Pasteur, située comme on sait au-dessus du Jardin des Plantes, et que l'on avait à dessein laissée dégarnie, est emportée par les insurgés. Le drapeau rouge est arboré sur l'église Saint-Polycarpe, des drapeaux noirs flottent sur l'Antiquaille, sur Fourvières, sur le clocher de Saint-Nizier, sur celui des Cordeliers. Le tocsin sonne de différens côtés à la fois, se mêle aux détonnations de l'artillerie et aux décharges de la mousqueterie.

» A la tête du pont de la Guillotière, du côté de cette commune, une lutte acharnée s'est engagée. Du haut du beffroi de l'Hôtel-de-Ville, où nous sommes placés, on aperçoit une vive fusillade dirigée d'une maison voisine du pont contre la troupe de ligne : celle-ci, postée en face, riposte avec vigueur. De distance en distance le canon tonne et balaie la grande rue. Une vaste maison, placée à côté de celle où les insurgés sont embusqués, mais séparée d'elle par une rue, est incendiée par les obus ou par un pétard. Bientôt des tourbillons d'une épaisse fumée s'élèvent de ses toits, et des flammes sortent à pleine fenêtre des étages intérieurs. Le vent du nord chasse l'incendie sur les maisons voisines placées dans sa direction. Malgré le voisinage de ce désastre, les coups de fusil ne cessent pas de partir de la maison située à côté. De nouveaux renforts paraissent arriver à la troupe. Le feu de la mousqueterie redouble de tous côtés: la charge bat et la maison est emportée.

» Pendant que cette scène de désolation se passe sur la rive gauche du Rhône, un autre spectacle presqu'aussi lugubre se présente sur le lit même de la Saône, à la hauteur du Cours du Midi. Un bateau de foin, amarré sur les bords de cette rivière, a pris feu on ne sait de quelle manière ; la fumée qui s'en élève couvre la presqu'île Perrache : bientôt les amarres ayant été consumées, le bateau, qui n'est plus retenu, dérive et va échouer contre le pont Chazournes, qui devient également la proie des flammes. Après avoir brûlé pendant une heure qu deux, trois arches s'abîment tout d'un coup. Les poutres embrâsées s'éteignent dans l'eau soulevant des nuages d'une vapeur épaisse. L'incendie de la grande rue de l'Hôpital fume encore. Un autre éclate encore à Saint-Just, près de l'église de ce nom. Le feu se manifeste sur d'autres points de la ville.

» Sur toute la ligne des Brotteaux, depuis la Guillotière jusqu'aux Charpennes, on entend des feux épars de tirailleurs. Vers le fort Lamothe, nous distinguons des décharges régulières de mousqueterie qui annoncent un engagement de la ligne; on pense d'abord que le fort de ce nom est attaqué par les insurgés. Nous avons appris plus tard que ces décharges ont été faites par le 21e régiment de ligne qui effectuait son entrée au milieu d'une ville en insurrection, et qui a été forcé de s'ouvrir un passage les armes à la main. On assure que des insurgés des arrondissemens du département de l'Isère voisins de notre ville, ont osé se présenter au nombre de cinq cents devant un des forts des Brotteaux, et qu'ils ont été écrasés par la mitraille et la mousqueterie; cependant nous n'avons pu recueillir aucune indication précise à cet égard.

» A Saint-Just, les insurgés se sont emparés de trois pièces de canon qu'on avait enclouées et abandonnées dans le fort de ce nom, qu'on n'avait pas jugé convenable de garder. Ils ont désencloué ces pièces, les ont placées sur la terrasse de Fourvières et de là jettent sur le quartier-général, situé à Bellecour, des boulets et des pierres. Pour répondre à ce feu plus inquiétant que meurtrier, on braque sur cette position deux pièces de 24 dont les boulets atteignent et traversent la chapelle de Fourvières. D'autres pièces, en batterie sur le quai de l'Arsenal et dans la rue de ce nom, foudroient le quartier de Saint-George et envoient des projectiles jusques sur le Mont-Sauvage, près de la Croix-Rousse.

» La guerre de tirailleurs continue, plusieurs officiers sont blessés, quelques-uns mortellement. Les soldats exaspérés déchargent leur fureur sur les prisonniers qu'on amène à chaque instant. Quelques uns sont maltraités et ne sont préservés qu'avec peine par l'intervention des officiers et des magistrats.

» Une canonnade très vive s'engage sur le quai du Rhône. Quelques maisons d'où étaient partis des coups de fusil sont criblées de boulets ; des pans même de murailles sont détachés: l'une d'elles située à l'angle de la rue Gentil, a été incendiée complètement. Un instant on a craint que le feu ne se communiquât aux bâtimens de la Bibliothèque et du collége. L'anxiété et l'effroi ont été à leur comble. Heureusement cette crainte ne s'est pas réalisé, et l'incendie a été restreint à son foyer primitif.

» Nous avons dit hier que les pavillons du pont du Concert, du côté de la ville, étaient occupés par la troupe de ligne. Les progrès que les insurgés ont fait sur ce point totalement isolé des autres, en ont déterminé l'abandon. Maintenant on s'efforce de les détruire à coups de canon, afin que les séditieux ne s'y établissent pas à leur tour pour inquiéter les postes voisins. Quatre pièces de huit placées l'une à la descente du pont Morand, l'autre sur le pont même, les deux dernières à l'extrémité opposée du pont du Concert, jouent continuellement pour opérer cette œuvre de destruction, que la construction solide de ces deux pavillons rend assez difficile ; l'un deux est en partie renversé. La nuit met fin à cette canonnade. Cette journée a été plus meurtrière que la précédente pour la troupe qui occupe le quartier de l'Hôtel-de-Ville. Hier il n'y avait que six blessés à l'ambulance, aujourd'hui il y en a près de quarante.

» Il est difficile à qui ne l'a pas vu de se faire une idée du triste et désolant aspect qu'a présenté notre cité pendant cette seconde journée. Aussi loin que la vue pouvait s'étendre, c'était partout l'incendie ou le combat, souvent tous les deux à la fois. Dans nos rues, sur

nos quais, sur nos places ordinairement si animées, solitude complète, silence de mort, aucun de ces bruits
tumultueux qui s'élèvent d'une ville populeuse et commerçante. Malheur à celui que la curiosité porterait à
ouvrir une fenêtre, à monter sur un toit! partout la
mitraille, les boulets et les balles atteignent la curiosité
imprudente! Seulement, de loin en loin, on aperçoit
une ordonnance traverser les quais au galop pour aller
porter les ordres du quartier-général, ou bien des pièces d'artillerie rouler avec fracas, accompagnées de leurs
caissons, et se porter sur un autre point pour foudroyer
les positions occupées par les insurgés. C'était quelque
chose d'effrayant et de lugubre que ce silence même qui
n'était troublé que par des bruits de destruction, que
cette Thébaïde de terreur au milieu d'une population
condensée et animée de tant de passions bouillantes.

TROISIÈME JOURNÉE.

11 AVRIL.

» La nuit n'a apporté qu'une courte trève au combat.
Sur les deux heures du matin les insurgés armés dans le
quartier des Cordeliers ont fait des tentatives pour se faire
jour sur différens points, ils sont repoussés à coups de
fusil et à coups de canon. Cette fusillade, ces décharges
d'artillerie, dont le silence de la nuit augmentent encore
l'horreur, rappellent aux habitans des quartiers qui avoisinent les Terreaux la funeste nuit du 22 novembre 1831.

» Au point du jour, le combat recommence sur tous
les points. On canonne une maison située sur le quai du
Rhône, à l'angle de la rue Basseville, d'où le poste du
pont Morand a essuyé plusieurs coups de fusil. Les points
élevés qui environnent l'Hôtel-de-Ville sont occupés par
les soldats qui, dans cette guerre d'une nouvelle espèce,
ne montrent pas moins d'aptitude et d'intelligence qu'ils

ont jusqu'ici montré de courage. A l'exemple des insurgés, ils établissent eux-mêmes des barricades aux débouchés des rues occupées par eux.

» Nous jouissons aujourd'hui d'une sorte de calme comparativement aux jours précédens.

» Cependant l'action continue sur tous les points où elle s'est primitivement engagée. Le canon tonne toujours contre le quai du Rhône et contre la plate-forme de Fourvières, où se trouve le canon des insurgés qui fait feu de son côté, mais sans produire d'effet; les projectiles lancés par lui arrivent à peine à mi-chemin de leur destination.

» Le soir, les postes occupés par les troupes présentent l'image d'un campement en rase campagne. Les soldats se construisent des baraques en planches et bivouaquent auprès de grands feux de charbon de terre. Leur gaîté et leur constance se soutiennent admirablement, malgré trois jours de fatigues et de combats douloureux.

QUATRIÈME JOURNÉE.

12 AVRIL.

» Cette journée devait être décisive pour le triomphe de l'ordre. La fusillade qui avait duré toute la nuit, à rares intervalles, reprend vers le matin une intensité nouvelle. Les troupes d'un côté, les insurgés de l'autre, conservent à peu près les mêmes positions que la veille; seulement, le nombre de ces derniers, la vivacité de leurs feux vont toujours en diminuant.

» On fait une tentative qui échoue pour enlever une barricade située à la montée de la Grand'-Côte. On ramène plusieurs soldats blessés.

» Les soldats sont parvenus à s'établir au moyen d'une barricade tout près de la place de la Fromagerie, qui, les jours précédens, a été le théâtre de plusieurs engagemens sanglans. Les insurgés sont embusqués dans l'église de Saint-Nizier et retranchés en face de la rue Sirène, dans la maison du Cercle. Ils ont leur retraite assurée sur le derrière des petites rues qui aboutissent quartier des Cordeliers, centre de l'insurrection : de là ils font un feu assez vif sur l'entrée de la rue Sirène pour empêcher les troupes de déboucher.

» Les soldats qui connaissent maintenant cette guerre de rue n'ont garde de prodiguer inutilement leur sang, en s'exposant à découvert aux coups de l'ennemi, toujours invisible, qui tire sur eux. Ils se glissent de maison en maison, se postent sur les toits, s'embusquent aux croisées, de là dirigent un feu très vif sur les bâtimens occupés par les insurgés. L'église de Saint-Nizier vient enfin d'être enlevée par la troupe; tout d'un coup on voit briller sur les toits de la nef les schakos et les uniformes de nos soldats. Le drapeau noir est enlevé et jeté en bas du clocher; un drapeau tricolore y est substitué et se déploie sur la nef.

» Cependant une affaire meurtrière et non moins décisive vient d'avoir lieu à Vaise. Quelques soldats graciés, envoyés à Alger par correction disciplinaire, ont désarmé leurs gardiens, et, réunis avec la populace de cette commune et à quelques pillards des environs, ils l'ont insurrectionnée et s'en sont rendus maîtres. Ce premier succès ne devait pas être de longue durée; M. le général Fleury, qui commandait le quartier des Chartreux et celui des Bernardines, envoie pour les réduire un détachement nombreux d'infanterie et plusieurs pièces d'artillerie.

» Deux canons sont braqués du fort St-Jean sur la ville de Vaise. L'infanterie passe au pas de charge le pont Serin Quelques compagnies se détachent, pénètrent dans le bâtiment de l'Ecole vétérinaire et donnent la chasse aux tirailleurs qui se sont embusqués dans le jardin qui en dépend. Le gros de la colonne pénètre dans les rues du faubourg, y attaque avec impétuosité les insurgés, les poursuit la baïonnette dans les reins, et en moins de vingt minutes les détruit ou les disperse.

» Une assez vive canonnade, dirigée de l'autre rive du Rhône contre le quartier des Cordeliers, et qui met le feu à une maison du quai de Bon-Rencontre, sert de prélude à une attaque qui doit être plus décisive encore. Vers les cinq heures du soir, une compagnie de voltigeurs du 28ᵉ, partie du pont Morand, s'élance au pas de course vers la position des Cordeliers, enlève en un clin-d'œil les barricades que les insurgés ont élevées à la descente de ce pont, tourne à gauche, franchit d'autres barricades pour arriver, à travers une grêle de balles et de pierres, sur cette place des Cordeliers où l'insurrection avait établi son foyer principal, pénètre en enfonçant les portes dans l'église Saint-Bonaventure, nouveau cloître Saint-Merri, où se sont réfugiés les derniers débris de la révolte. Plusieurs des insurgés s'y font tuer par les soldats, le reste est fait prisonnier ou s'est dispersé.

» L'intérieur de l'église présente un spectacle à la fois bizarre et affreux. Huit à dix cadavres, quelques-uns horriblement mutilés, sont étendus dans la nef et jusqu'auprès du sanctuaire. Les prisonniers sont renfermés et gardés à vue dans les chapelles latérales, dont l'une sert d'ambulance pour les blessés. Çà et là gissent sur le parvis des armes, des ustensiles dont les insurgés se sont servis pour fabriquer de la poudre qui leur manquait. Au milieu de ces débris, M. le procureur du roi et M. le commissaire central de police procèdent à l'interrogatoire des prisonniers et des témoins de ces scènes.

CINQUIÈME JOURNÉE.

13 AVRIL.

» Quelques quartiers, parmi ceux qui ont été le théâtre de l'insurection, tiennent encore. L'autorité militaire ne juge pas convenable d'exposer le sang de braves soldats pour détruire ces misérables restes de révolte : elle les laisse se disperser eux-mêmes; cependant un détachement d'infanterie est envoyé pour s'emparer des pièces de canon que les insurgés ont placées sur la terrasse de Fourvières. Cette opération ne souffre aucune difficulté; les pièces sont prises, et ceux qui les servaient sont ramenés prisonniers à l'Hôtel-de-Ville.

SIXIÈME JOURNÉE.

14 AVRIL.

Le centre et l'intérieur de la ville jouissent d'un calme à peu près complet. Dans la soirée, on a dirigé une expédition contre une bande d'insurgés qui se maintenait encore sur le versant du côteau de la Croix-Rousse qui regarde le Rhône, au-dessus du faubourg Saint-Clair. Les soldats les ont poursuivis de maison en maison et ont fini par en purger cette localité.

» Hier, le calme était complètement rétabli dans notre ville; la circulation était redevenue libre. »

Le Roi, pour récompenser le zèle de M. Gasparin, maire de Lyon, vient de l'élever à la dignité de Pair de France.

L'ÉTRANGER SUR LES TROUBLES DE LYON ET DE PARIS.

» Une insurrection réprimée doit donner de la force au gouvernement qui en triomphe, car elle inspire de la confiance en son pouvoir ; cette observation, ce nous semble, s'applique très-bien au Gouvernement français. A Paris le Roi et les Princes se sont conduits admirablement ; le discours de S. M. aux troupes a été plein de fermeté et d'à-propos. M. Guizot, à la Chambre, a produit par ses paroles un grand effet. Les républicains ont été assez insensés pour ne pas voir qu'ils provoquaient leur propre destinée, et que la garde nationale était déterminée à marcher contre eux. »

» Certes, nous déplorons amèrement ces scènes de démence et de meurtre ; cependant il faut reconnaître que le résultat de la sédition est des plus satisfaisans ; car il démontre jusqu'à l'évidence le profond discrédit dans lequel est tombé le parti anarchique, ainsi que la puissance et l'amour du repos qui anime ce grand parti qui fait la force et le soutien du gouvernement. Nous avons toujours prétendu que ce parti, ami de l'ordre et de la tranquillité, est si nombreux et si fort, qu'il n'y a pas la moindre inquiétude à avoir pour la sûreté du Gouvernement français. »

» Le Roi a aussi, par ce bon sens, ce tact et ce sang-froid qui le caractérisent, puissamment contribué à la manifestation des bons sentimens qu'inspirent de pareilles scènes à une société que des théories absurdes n'ont pas encore jetée dans l'anarchie et dans la désaffection. Le langage et la conduite des Ministres ont aussi été dans cette circonstance, prudens, fermes et modérés. »